LOUIS HÉMON

itinéraire

GRASSET

ITINÉRAIRE

DU MÊME AUTEUR

MARIA CHAPDELAINE, roman (*Bernard Grasset, éditeur*).

LA BELLE QUE VOILA (*Bernard Grasset, éditeur*).

COLIN MAILLARD, roman (*Bernard Grasset, éditeur*).

BATTLING MALONE, roman (*Bernard Grasset, éditeur*).

LOUIS HÉMON

ITINÉRAIRE

PARIS
BERNARD GRASSET
61, rue des Saints-Pères, 61
1927

ITINÉRAIRE

DE QUÉBEC A MONTRÉAL

Une gare sans prétentions, de longs quais de bois, et de chaque côté les trains du Pacifique Canadien, qui attendent. Les bâtiments de la gare cachent Québec ; des hommes — Canadiens anglais ou français — arrivent sans se presser, une valise unique à la main, mâchant un cigare, et s'installent n'importe où, comme s'ils prenaient un train de banlieue ; un groupe de jeunes filles échange avec une amie qui s'en va d'interminables adieux bruyants et niais, ponctués de rires : — de sorte que ce départ de Québec est pareil à tous les départs, et que la juxtaposition des deux races rappelle seulement les scènes habituelles à la gare du Nord ou à celle de Charing Cross, autour des trains Paris-Londres.

Mais dès que ce train-là s'est ébranlé la différence se fait perceptible et tout à fait frappante.

Le pays traversé, d'abord. Ce sont les faubourgs de Québec qui alignent des deux côtés de notre course leurs maisons de bois, dont la rusticité neuve étonne, après les façades marquées de passé des vieilles rues de la Ville-Basse. Des passages à niveau rudimentaires, à la mode américaine, laissent une vision de carrioles frustes aux quatre grandes roues égales, et derrière ces carrioles arrêtées juste à temps des routes rudimentaires aussi, détrempées par l'automne, où les chevaux enfoncent jusqu'au jarret et s'éclaboussent jusqu'à l'épaule. Puis avec le recul nécessaire, Québec apparaît, et la haute butte du fort, que les maisons d'autrefois couvrent et entourent, conserve en se rapetissant dans le lointain presque toute sa pittoresque majesté. Les lieux dont on s'éloigne ne sont presque jamais dépourvus de grâce, et leur disparition lente à l'horizon leur prête toujours de la mélancolie ; mais pour Québec cette grâce et cette mélancolie ne sont pas seulement subjectives : elles logent à demeure entre ses murailles, et la silhouette de la ville et du fort persiste longtemps, et poursuit longtemps, en un reproche de vieille cité fière qui a fait plus que son devoir, et que se siècle-ci qui lui doit tant semble négliger.

Lorsque Québec a disparu, les regards reviennent naturellement vers l'entourage immédiat, et là encore cent détails rappellent au nouvel arrivant qu'il a traversé une mer plus vaste que la Manche ; qu'il est en Amérique, enfin.

Le train est un train à couloir ; cela va sans dire. Les chemins de fer canadiens sont dans leur ensemble, de date récente, presque des nouveau-nés, et il est peu probable que libres de faire construire leur matériel roulant à leur gré, ils aient eu la fantaisie de copier ces blocs de guérites adossées, décorés du nom de wagons, qui grincent encore sur tant de lignes de France ou d'Angleterre. Ils n'ont pas plus copié le type que l'on a adopté en France pour les wagons à couloir, soit cette amélioration des impérissables guérites qui consiste à leur adjoindre simplement un passage sur le côté.

Les wagons du Pacifique Canadien n'offrent pas une seule cloison d'une de leurs extrémités à l'autre. Un passage central, des banquettes à deux places, face à la route de chaque côté du passage : — cela rappelle, en trois fois plus grands, les voitures des divers métropolitains de Paris et de Londres. Seulement l'on remarque tout à coup que le long des parois et sous les sièges se développent les tuyaux de chauffage, sous une carapace de tôle ajourée, et l'on se souvient que ce n'est pas là une attention complaisante de la Compagnie ni un luxe, mais bien la première des nécessités en ce pays, car d'ici quelques semaines ces wagons seront toujours en service et quitteront Québec tout comme aujourd'hui, mais derrière un chasse-neige, pour traverser la campagne gelée et linceulée de blanc.

Lorsqu'on a remarqué cela on tourne de nouveau les yeux vers les longues vitres continues, comme si l'on s'attendait à voir déjà les premiers flocons descendre, et, l'imagination aidant sans doute, le caractère du paysage s'affirme et saisit l'esprit, révélant dans chacun de ses détails un peu de la solennité redoutable du pays des longs hivers. Un pan de forêt, pourtant vite traversé, se change par magie en un coin de ces autres forêts, point si distantes d'ailleurs, où l'ours noir trottine, grogne et flaire, et où les loups — les terribles loups des imaginations d'enfants — hurlent encore. La nappe du Saint-Laurent, que l'on entrevoit soudain, fait songer aux grands fleuves d'eau vierge qui l'hiver s'endorment dans le gel, et où les caribous, au printemps, viennent furtivement casser avec leurs sabots la glace amincie, pour boire. Enfin d'une longue éclaircie vers le Nord, qui ne montre que des ondulations nues, l'on se plaît à faire le commencement des grandes plaines qui doivent s'étendre vers la baie d'Hudson, plaines de terre auxquelles succèdent les grandes plaines des mers gelées du pôle.

Jeux d'imagination, sans doute ; visions forgées : mais ces visions naissent avec une facilité singulière et elles ne sont presque pas ridicules, puisqu'à chacune d'elles correspond une réalité toute proche, à quelques jours, presque à quelques heures de voyage.

Certaines régions d'Europe, peut-être même de France, peuvent offrir des aspects exactement semblables à ceux-là, et pourtant sans aucun effort d'esprit on arrive à se convaincre que chacun de ces aspects est typique, spécial à ce pays qui est l'avant-garde du continent américain vers le Nord, pays trop grand, trop froid, trop rude pour que l'homme s'y sente à son aise avant longtemps, où il n'avance qu'avec précaution, pas à pas, vers le mystère redoutable des terres que défendent les longues neiges.

Aussi l'Européen — le Français — qui regarde à travers la vitre du wagon, se sent vivement dépaysé ; il sent avec acuité le caractère étranger du paysage, cette gravité double de la contrée encore presque déserte, presque sauvage, et du septentrion qui menace. Dans ces grands wagons américains, il se prend à songer que ce train, le rapide quotidien de l'Ouest, lorsqu'il aura passé Montréal, s'en ira d'un seul coup vers les grandes plaines à blé qui sont encore plus désertes, encore plus neuves ; vers les provinces et les villes dont les noms mêlent les consonances britanniques et les vieilles consonances indiennes : le Manitoba, le Saskatchewan, l'Alberta ; Winnipeg, Neepawa, Calgary ; vers Vancouver, qui s'ouvre sur le Pacifique et sur l'Orient...

Et voici qu'il sort de sa rêverie et que dans l'attente de ces noms barbares, il trouve sous ses yeux des noms si familiers qu'il en reste étonné d'abord, puis ému. Les noms des stations qui défilent, ce sont : Pont Rouge, Saint-Basile, Grondines, Grandes Piles, Trois Rivières...

Sur les quais de bois, devant les petites gares construites en madriers à peine dégrossis, les gens qui s'abordent ou se quittent, en face des portières des longs wagons américains, échangent des paroles d'adieu ou de bienvenue en un français traînant et doux ; et l'on voit des femmes passer, alertes, accortes, dont les toilettes ne sont peut-être pas celles du Boulevard, mais dont la mine, la mise et le maintien crient qu'elles sont françaises jusqu'à la moelle, qu'elles ont tout gardé des femmes de notre pays, ici, entre le grand fleuve qui ne sera plus qu'une coulée de glace le mois prochain, et la lisière des grandes forêts mal connues.

Le train repart ; un employé circule entre les banquettes, offrant des magazines américains, de la gomme à mâcher, des cigares ou des sucreries. Il offre tout cela d'une voix nasale de Yankee, surprenante à des oreilles accoutumées aux accents anglais ; mais voici que pour répondre à une question soudaine il s'arrête et se campe, familier ; et sa voix change tout à coup.

« Ouais ! fait-il. J'ai ben le *Soleil*, de Québec, mais point la *Presse* ; je l'aurai point avant ce *souer*. Ben oui M'sieu ! Vous pouvez fumer icitte, pour sûr ! »

Il s'éloigne, alternant, pour vanter sa marchandises, son nasillement de Yankee et son parler savoureux de paysan picard ou normand. Et au milieu de la large campagne austère, où la culture s'espace et disparaît souvent, les vieux noms de France se succèdent toujours.

— Pointe du hac, l'Epiphanie, Cabane Ronde, Terrebonne...

... Terrebonne ! Ils ont trouvé que la glèbe du septentrion répondait suffisamment à leur labeur ; ces paysans opiniâtres, et ils sont restés là depuis deux cents ans. C'est à peine s'ils ont modifié, pour se défendre contre le froid homicide, le costume traditionnel du pays d'où ils venaient ; tout le reste, langue, croyances, coutumes, ils l'ont gardé intact, sans arrogance, presque sans y songer, sur ce continent nouveau, au milieu de populations étrangères ; comme si un sentiment inné, naïf, et que d'aucuns jugeront incompréhensible, leur avait enseigné qu'altérer en quoi que ce fût ce qu'ils avaient emporté avec eux de France, et emprunter quoi que ce fût à une autre race, c'eût été déchoir un peu.

ITINÉRAIRE

SUR LA TERRASSE

Un large boulevard de planches, accroché au flanc de la colline de Québec tout près du sommet. Plus haut il n'y a guère que les talus de la vieille forteresse ; plus bas la pente abrupte dégringole. Au pied de la colline la Ville-Basse, toute ramassée sur elle-même, serrée entre cette pente insurmontable et le fleuve. Vus de cette hauteur le Saint-Laurent paraît étroit, et la rive Sud toute proche ; l'agglomération de maisons que porte celle-ci est Lévis, un faubourg de Québec que l'absence de pont élève à la dignité de ville séparée. Les deux berges sont découpées en cales où des vapeurs s'amarrent ; elles sont bordées de hangars sur plusieurs points, et ces hangars, ces vapeurs, d'autres vapeurs plus petits qui font un va-et-vient incessant entre les deux rives, donnent l'illusion d'un vrai grand port moderne, que la vie commerçante anime.

Mais quand les regards se détournent et vont un peu plus loin à droite ou à gauche, les choses reprennent leurs proportions véritables et l'on perçoit que c'est la ville qui est l'accessoire, et non le fleuve. Ce fleuve n'a pas l'aspect asservi, humilié, des cours d'eau qui traversent des villes anciennement gran-des depuis si longtemps qu'ils ont perdu leur personnalité propre et leur indé-pendance et sont devenus quelque chose de plus hideux encore que des « routes qui marchent » : les trottoirs mouvants du trafic urbain.

Le Saint-Laurent à Québec n'a pas

connu les quais qui brutalisent l'eau ;
ni les ponts qui l'humilient ; car les
estacades de bois qui bordent çà et là
son lit sont discrètes et presque invisi-
bles, et d'ailleurs le bois s'accorde naturellement avec l'eau et n'a jamais cet
aspect insultant de mur de prison qu'ont
les quais de pierre. Au sortir de la ville,
et des deux côtés, les berges reprennent
promptement leur caractère primitif :
plates et marécageuses en aval, au delà
de la rivière Saint-Charles ; en amont
plus abruptes, surtout la rive Nord, où
la colline de Québec se prolonge en une
arête dont le flanc reste à quelque distance proche de l'eau. Si près de Québec
ces berges du Saint-Laurent sont encore
intactes, presque vierges, et précisément telles qu'elles devaient l'être il y a
trois ou quatre siècles, au temps où
les pirogues de peau des Indiens étaient
les seules embarcations qu'eût connues

le fleuve. Les forêts qui s'élevaient peut-être là ont disparu ; rien d'autre n'a été changé, et des deux côtés le sol s'enfonce dans l'eau irrégulièrement, comme il lui plaît.

L'on devine cela du haut de la colline de Québec, de la terrasse qui surplombe, et cette étroitesse des limites jusqu'où s'est étendue l'empreinte humaine, jointe à la largeur du fleuve libre, laisse l'impression que c'est bien là un pays neuf, que l'homme n'a fait qu'égratigner, et que Québec elle-même, la « vieille ville », n'est après tout qu'une toute jeune personne, à la manière dont se mesure d'ordinaire la vie des cités.

Et pourtant... Au pied de la colline le désordre des maisons disparates de la Ville-Basse, l'étroitesse des ruelles qui les séparent, et qui de haut sont pareilles à des crevasses dont le fond reste caché, le marché « Champlain » où les ménagères circulent sans grande hâte et stationnent volontiers, formant des anneaux sombres autour des taches plus vives des légumes étalés, comme tout cela est peu « Nouveau Monde »! Combien y a-t-il de villes françaises où le jour du marché ramène ponctuellement une scène en tous points semblable à celle-ci, vue, par exemple, du haut d'un clocher ? Et l'on devine que la digne femme qui marchande des choux avec un paysan en gilet de chasse et casquette noire, emploie précisément les mêmes mots, les mêmes gestes et les mêmes moues de dédain que doit employer, à cette même heure, une homonyme, une autre dame Gagnon, ou Normandin, ou Robichot, qui achète aussi des légumes sur la grande place d'un chef-lieu d'arrondissement, quelque part « chez nous ».

Et voici que Québec la jeune, Québec

la cité d'Amérique, Québec que la cam
pagne sauvage enserre étroitement,
prend, aux yeux d'un homme des grandes villes, cet aspect de calme ancien,
de répit, de paix un peu somnolente
qu'ont les petites villes de province, au
matin, pour les Parisiens arrivés dans
la nuit.

Les vapeurs qui relient de leur va-
et-vient continuel les deux berges du
fleuve, Québec et Lévis, sont tous munis
d'une sorte de gigantesque balancier
qui s'élève haut au-dessus du pont et
oscille sans cesse, mû en apparence par
deux tiges fixées à ses extrémités et qui
s'enfoncent dans deux puits à l'avant et
à l'arrière. Cela peut être très mécanique
et très moderne ; mais cela est surtout
comique, pour un profane, et tout à
fait pareil de loin à d'ingénieux jouets
à treize sous. Cela ne les empêche pas
d'avoir l'air important et affairé des

vapeurs, et de faire grand bruit avec leurs sifflets ou leurs sirènes chaque fois qu'ils traversent la nappe d'eau tranquille, comme si c'était là une audacieuse aventure. Un des paquebots amarrés dans le port leur répond ; puis le vent qui chasse devant lui les nuées grises balaye aussi ces bruits importuns et apporte à leur place un son de cloches.

Les cloches de Québec... On se rend compte tout à coup que leur voix était là depuis le commencement, qu'elle n'a jamais cessé de se faire entendre. Des tintements grêles venaient de Lévis par-dessus le Saint-Laurent ; d'autres tintements montaient de la Ville-Basse, plus clairs et pourtant inégaux comme une houle, et d'autres encore venaient de la Ville-Haute et des quartiers lointains. Ensemble ils formaient une voix qui montait et descendait avec chaque souffle de vent, s'éteignant pour s'élever de nouveau après quelques secondes, obstinée et grave.

Il y a des gens qui disent avoir entendu dans la voix des cloches toutes sortes de choses délicates et émouvantes : en les écoutant avec honnêteté on n'y perçoit le plus souvent qu'une répétition têtue, une leçon ressassée sans fin avec solennité, une affirmation persistante et qu'il ne faut pas discuter — : « ... C'est ainsi !... C'est ainsi !... C'est ainsi !... » — chaque choc nouveau du battant enfonçant le dogme un peu plus avant dans les têtes, comme des coups de marteau sur un clou. Et la monotonie immuable de leur appel laisse une impression d'âge infini.

Des brumes traînantes que le vent déchire et ressoude sans cesse viennent du Golfe comme un cortège. Passant bas au-dessus du fleuve elles forment un défilé de taches opaques entre lesquelles

on distingue pourtant çà et là la surface
de l'eau, ou des morceaux de la rive
Sud, qui semble s'éloigner. Puis
quand ces nuées ont passé l'on voit
que l'air a perdu de sa transparence ;
obscurci, strié de gouttelettes qui tombent, il estompe tout sans rien faire
disparaître, et Lévis, le Saint-Laurent,
Québec elle-même, se fondent en un
grand décor gris, indistinct, qui respire
à la fois la mélancolie et la sérénité. Et
le son des cloches vient toujours à travers la brume grise.

Sur le fleuve les petits vapeurs avec
leur gigantesque balancier comique continuent leur va-et-vient, sifflant et mu-
gissant avec importance ; le marché
Champlain n'est plus qu'un toit de
parapluies ; la Ville-Basse, s'attriste sous
l'ondée, piteuse et quelconque. Mais
les cloches ne s'arrêtent pas un instant
de se répondre d'une rive à l'autre, et

d'un bout à l'autre de cette ville qui leur appartient. Leur voix témoigne que Québec n'a rien appris et rien oublié ; qu'elle a conservé miraculeusement intacte la piété ponctuelle d'autrefois. C'est peut-être pourquoi Québec prend cette physionomie d'aïeule, aux yeux des païens d'outre-mer ; elle est vieille comme les vieilles cathédrales, comme les prières en latin, comme les reliques vénérables et fragiles dans leurs châsses ; elle a l'âge des rites anciens qu'elle a apportés avec elle sur un sol nouveau et fidèlement observés.

Mais en l'honneur de quel saint de légende sonnaient-elles ce jour-là toutes ensemble, les cloches de Québec ?

DANS LES RUES DE QUÉBEC

Que Québec est une cité historique ; la plus intéressante peut-être, historiquement, de l'Amérique du Nord ; unique en son genre sur ce continen ; une cité où la jeune Amérique vient visiter pieusement des vestiges qui remontent à deux cents ans comme la vieille Europe va pieusement visiter à Rome des vestiges qui remontent à deux mille ans, — tout le monde sait cela. Mais c'est aussi une cité plus complexe qu'on ne veut bien le dire.

Les Américains et les Canadiens de l'Ouest y mettent un rien de parti-pris. Il leur plaît de faire de Québec une vénérable ruine qui se tient encore debout par miracle ; d'exagérer la vie passée de la cité aux dépens de sa vie présente. Même sa voisine Montréal, qui compte maintenant plus d'un demi-million d'habitants contre soixante-dix mille que compte Québec, prend souvent pour parler de cette dernière un ton protecteur, un peu apitoyé ; le ton que prennent les « demoiselles de la ville » pour parler des grands-parents restés au village. C'est « la vieille capitale », la « vieille ville » et d'autres expressions où l'adjectif « vieille » revient souvent, employé d'une manière un peu ambiguë. Ce peut être une marque de respect — il serait difficile de prouver le contraire — mais lorsque l'on personnifie des villes c'est toujours à des femmes que l'on songe, et entre femmes cette insistance constante sur la différence d'âge n'est pas toujours regardée, je crois, comme une marque d'amitié !

Peut-être y a-t-il en ce cas un tout petit ressentiment provoqué par le fait que Québec est encore la capitale de la province et le siège du gouvernement. Les Montréalais se défendront sans doute d'une aussi mesquine jalousie, et vraiment il vaut mieux les croire. D'ailleurs Montréal a bien d'autres soucis : entre autres celui de défendre âprement sa position de « plus grande ville du Canada » contre sa rivale de l'Ontario, Toronto, qui est, elle, différente de race, de religion et de langue.

Mais les autres provinces, mettent un peu d'affectation à regarder Québec comme une curiosité de musée, déplacée, en ce siècle-ci. Leurs habitants anglo-saxons la traitent aussi de « vieille ville » ; mais ils y ajoutent un autre adjectif « vieille ville française » ;

sans mépris ni inimitié, et simplement pour désigner le seul trait de la physionomie de Québec qui les ait frappés.

S'ils viennent du Manitoba ou de l'Alberta, par exemple, provinces qui paraissent s'américaniser peu à peu sous l'influence des très nombreux immigrants des Etats-Unis qui viennent s'y établir chaque année, ils verront les choses avec les mêmes yeux que les touristes de New-York, Boston ou Chicago qui viennent pendant l'été. L'étrangeté de rues étroites, souvent tortueuses, bordées de maisons qui ne sont pas assez vieilles pour être des curiosités architecturales, mais qui sont pourtant vieilles, et le montrent. Les noms français partout : sur les plaques apposées aux coins des rues ; au front des magasins. Les marchandises étiquetées le plus souvent en français. Les consonances du parler français autour d'eux. Voilà ce qu'ils remarqueront naturellement, et ce qui leur donnera cette impression de dépaysement, d'excursion en terre étrangère, qu'ils goûteront, ou ressentiront comme un affront, selon leur tempérament.

Un Français venant directement de France, au contraire, et qui n'aura pas eu le temps de vraiment perdre contact avec les choses de son pays, remarquera surtout dans Québec non pas ce qui est français, mais ce qui ne l'est point.

Des rues qui le plus souvent ne sont ni pavées ni même macadamisées, bordées de rudimentaires trottoirs de planches ; des tramways électriques escaladant des rampes invraisemblables ; les visages généralement glabres des Canadiens français, surtout des jeunes gens ; leurs vêtements de coupe américaine ; leurs chapeaux ronds de feutre mou de forme américaine ; leurs chaussures américaines aussi. Aux devantures des magasins les prix marqués en dollars. Les mots anglais, intacts ou grossièrement francisés, intervenant de façon inattendue dans des phrases françaises. Autant de détails qui ne pourront manquer de surprendre un Français s'il a pris littéralement ces qualificatifs de « vieille ville française » que les gens venant d'autres pays que la France appliquent à Québec en toute sincérité.

De sorte que la plupart des touristes qui visitent Québec semblent voués par la force des choses à n'en vraiment voir qu'une moitié. Or c'est précisément ce caractère double de Québec — ville française greffée sur le sol américain — qui la rend si étrangement différente des autres villes.

A peine sur les quais du port on commence à sentir l'amalgame. Les docks ne donnent pas l'impression qu'ils sont organisés d'une façon bien moderne, et sans doute les Etats-Unis ont-ils beaucoup mieux à montrer ; pourtant le train qui vient chercher la malle afin de l'emporter vers l'Ouest comporte-t-il déjà les gigantesques wagons qui sont la règle sur le sol américain. Les portefaix et les employés de la douane sont bi-lingues ; par quoi il faut entendre qu'ils emploient le français ou l'anglais alternativement selon le besoin du moment, et, fort souvent, les mélangent. Dans le vaste hangar du débarcadère, il semble qu'il soit resté quelque chose des foules hétérogènes qui ont passé leurs premières heures, au sortir des paquebots. Immigrants anglais, allemands, suédois, russes, hongrois, on sent que ce hangar a pour fonction de recevoir presque chaque jour plusieurs centaines d'hommes et femmes de ces pays et de les abriter jusqu'à ce que l'on ait pu mettre un peu d'ordre parmi eux et leurs possessions et les expédier vers leurs destinations respectives. Autant que quatre parois nues peuvent être typiques, il est typiquement américain, ce hangar, lorsqu'on y trie comme des ballots les nouveaux arrivants.

Ceux des passagers qui n'ont plus de formalités à remplir et n'ont pas besoin d'aide hèlent un portefaix, puis une voiture. Et de suite ils se croient en France. Que le portefaix et le cocher parlent français, tous deux, cela n'est rien ; mais on retrouve chez eux cette affectation d'empressement, cette obligeance démonstrative qui est rare en pays anglo-saxons, mais que les manœuvres d'autres races cultivent soigneusement, à moitié comme une vertu, à moitié comme un droit incontestable à un plus fort pourboire. Quand il faut les payer, en effet, leurs marchandages et leurs revendications pathétiques ne manquent pas de produire l'effet attendu.

Si le sort favorise un peu les nouveaux arrivants, c'est dans une calèche qu'ils sont montés. La calèche est une institution purement québecquaise, et la pièce la plus curieuse peut-être de tout le magasin d'accessoires de Québec. Il serait futile d'en essayer une description exacte ; qu'il suffise de dire que c'est un véhicule d'aspect suranné, infiniment plus ancien comme type que la plus ancienne des voitures de place d'une très petite ville française. Cela a quatre roues grêles, un haut marche-pied, deux sièges opposés, assez incommodes, et souvent une de ces indescriptibles portières qui persistent à n'être ni ouvertes ni fermées, et qu'il faut tôt ou tard se résigner à tenir de la main dans une position qui n'est guère qu'un compromis. Il est impossible de croire que l'on construise encore des calèches du type québecquois de nos jours ; ou bien est-ce alors qu'on donne aux calèches neuves, par quelque procédé secret, la patine d'une haute antiquité, avant de les laisser sortir dans les rues, attelées d'un très vieux cheval, conduites par un très vieux cocher.

Cahin-caha la calèche s'en va dans les rues de Québec, qui à l'automne ressemblent à des fondrières. Curieusement l'on regarde par la portière ; au sortir des hangars des docks et des entrepôts voici plusieurs passages à niveau rudimentaires, une ligne de chemin de fer qui passe pour ainsi dire en pleine rue et une longue file de ces énormes wagons américains, arrêtés tous près. Quelques mètres plus loin la lumière tombe sur l'enseigne d'une boutique close, et on lit —: «Eusèbe Ribeau — Marchand de Hardes faites ». Encore quelques tours de roue : des annonces vantent un whiskey de seigle, une marque de cigares ou quelqu'une de ces nourritures céréales prêtes pour la table qui abondent aux Etats-Unis ; au coin d'une rue une pancarte proclame : « Par ici pour l'élévateur ». Et l'on voit au loin « l'élévateur » qui escalade la colline. Un jeune homme arrêté au bord du trottoir de bois mâche un cigare, les mains à fond dans les poches, son chapeau de feutre mou rabattu sur les yeux, ne laissant voir qu'une moitié de son masque osseux et glabre de Yankee ; et juste au moment où l'impression d'américanisme devient aiguë et étouffe les autres, la calèche ralentit, s'arrête : Le cocher dit cordialement : « C'est icitte, Monsieur ! » L'on descend pour voir du même coup d'œil devant soi la plaque qui indique le nom de la place, et l'enseigne de l'hôtel : « Carré Notre-Dame-des-Victoires », — « Hôtel Blanchard, Maison Recommandée ».

Noter tous ces contrastes de détail l'un après l'autre est évidemment un jeu un peu enfantin ; mais il serait plus superficiel encore de ne voir qu'un des aspects de Québec et d'en faire le caractère complet et définitif de cette cité unique, où deux modes de vie se mélangent et se marient comme deux aromes.

— Dans les rues de Québec... Il y a naturellement cinq ou six de ces rues que tous les touristes sans exception visitent consciencieusement parce qu'elles sont mentionnées dans les guides et parce que ce sont celles qui corroborent cette description facile et incomplète de « vieille ville française » que l'on retrouve partout.

Toutes les rues de la Ville-Basse qui sont étroites et quelque peu tortueuses, d'abord. Certaines n'ont pas d'autres mérite que ceux-là. Les maisons qui les bordent sont quelconques : vieilles façades dont la pierre est un peu effritée, le bois un peu vermoulu, derrière lesquelles on devine une charpente de grosses poutres taillées à la hache dans des troncs abattus à la hache à une époque où les soieries à vapeur ne couvraient pas encore le sol canadien, comme aujourd'hui. Çà et là cette antiquité relative est assez apparente pour donner à un extérieur un caractère marqué ; mais on ne voit pas de toits pointus ni d'étages qui surplombent ; et un voyageur qui se souvient de telles villes d'Europe qu'il a visitées sourira sans doute d'entendre traiter Québec de « vieille ville » pour ces seuls vestiges.

Ils suffisent aux Américains, pourtant. Ces derniers — ceux d'entre eux tout au moins qui n'ont pas encore « fait » l'Europe — s'ébahissent de voir des rues qui ne sont pas parfaitement droites, ni larges de trente pieds, et dont chaque maison manifeste vis-à-vis de l'alignement général une belle indépendance. La plupart de ces visiteurs, s'ils étaient sincères, s'avoueraient pleins de mépris ; seule une minorité qui préfère le pittoresque à la propreté, à la commodité et à l'hygiène — pour les villes qu'elle n'habite pas — admire les ruelles de Québec avec honnêteté.

Un Français sera plus difficile. Il lui plaira sans doute de retrouver des aspects presque familiers sur une terre lointaine ; mais pour aimer les rues du vieux Québec et en tirer des impressions vives il faudra qu'il parcoure, à défaut d'autres villes d'Amérique, les rues du Québec nouveau.

Car Québec est une cité bien vivante et qui se développe encore ; voilà ce qu'il ne faut pas oublier. Elle se développe de trois manières ; par l'accroissement normal de sa population ; par le déplacement qui commence de la population rurale vers les villes ; enfin par le dépôt de l'alluvion humain, inévitable dans une ville par où passent les deux tiers de l'immigration canadienne, soit plus de deux cent mille hommes et femmes chaque année. Et une parenthèse ouverte ici sur ce développement présent et futur de Québec évitera d'avoir à y revenir plus tard.

L'accroissement normal de la population est en proportion de la natalité, qui est, on le sait, considérable. La renommée est parvenue jusqu'en Europe de ces familles canadiennes françaises qui comptent douze et quinze enfants, et elle a suffi à faire écarter définitivement l'hypothèse que l'on a avancée à propros de dépopulation, à savoir que notre race est inféconde en soi.

La seconde cause de développement de Québec, qui s'applique également à toutes les autres villes de la province, pourra surprendre les Européens qui songent encore au Canada comme à un pays purement agricole où le problème de la concentration lente vers les cités n'existe pas. C'est pourtant un fait que malgré la forte natalité la population rurale ne s'augmente que dans des proportions très faibles dans les deux provinces les plus vieilles du Canada : celle de Québec et l'Ontario. D'un recensement à l'autre on constate que ce sont surtout les villes qui ont gagné ; les Canadiens français des campagnes commencent déjà à se déraciner, soit pour grossir le demi-million d'habitants de

Montréal, soit pour se concentrer autour d'autres villes plus petites et qui commencent également à devenir manufacturières ; soit enfin pour passer la frontière et se fixer aux Etats-Unis. Ce mouvement sera peut-être enrayé en partie, mais il existe déjà.

Enfin il y a cette autre raison de développement que Québec doit à sa situation, et celle-là suffirait à ridiculiser le partis-pris des Canadiens de l'Ouest, qui se plaisent à considérer la « vieille ville française » comme une ville stagnante et dont le rôle est fini. Toute cette part de l'immigration canadienne qui vient d'Europe — et c'est de beaucoup la plus importante — passe par le Saint-Laurent ; et sur le Saint-Laurent Québec est la première étape et la première ville digne de ce nom. Les paquebots continuent ensuite jusqu'à Montréal, il est vrai, et Montréal semble croire qu'elle est le terminus naturel des lignes de navigation. Cela n'est pas très sûr. Le cours du fleuve est très irrégulier au-dessus de Québec, en certains endroits relativement étroit et profond, il s'élargit à d'autres en lacs semés de hauts-fonds, et où la moindre erreur de direction provoque un échouage. De là les taux très élevés des assurances maritimes sur les navires qui remontent le fleuve. Ces navires tendent à accroître leur tonnage d'année en année, à mesure que cette branche du commerce transatlantique prend plus d'importance; lorsqu'ils auront atteint les dimensions des plus gros navires aujourd'hui affectés à la ligne de New-York, les Compagnies auxquelles ils appartiennent devront choisir : ou bien refaire le Saint-Laurent, ou bien ne pas aller plus loin que Québec. C'est l'histoire de Nantes et de Saint-Nazaire qui se répète, là comme ailleurs. De sorte que la « vieille ville » dont l'Ouest et Montréal elle-même parlent avec une indulgence apitoyée pourrait bien se réveiller quelque jour du long sommeil où défilent ses souvenirs de gloire et se résigner à devenir le grand port et le grand entrepôt du Canada ; à acquérir la richesse après l'honneur.

En attendant que cette renaissance ne vienne, Québec n'en est pas moins déjà, et encore, une ville vivante, qui s'accroît et s'étend. Et ceux d'entre nous qui viennent de cités plus anciennes que Québec, ou de campagnes européennes habitées, cultivées et percées de routes depuis bien des siècles, trouveraient profit à laisser de côté pour un jour leurs guides à couvertures rouges et à s'en aller à l'aventure dans les rues nouvelles que Québec jette autour d'elle, ou prolonge.

La plaine qui s'étend de l'autre côté de la rivière Saint-Charles, par exemple. L'on est monté de la Ville-Basse par la « Côte de la Montagne » et la « Rue Saint-Jean », qui est la rue principale de Québec. Les chars — lisez tramways électriques — passent toutes les vingt secondes avec des appels de timbres entre les maisons de pierre, entre les magasins de modes et costumes, les librairies, les bazars, tout l'appareil monotone de la civilisation universelle. Les gens qui passent portent aussi l'inévitable livrée : les robes des femmes sont trop évidemment des « modèles de Paris », pas très récents peut-être ; les vêtements des hommes sont du style américain le plus souvent, anglais parfois, avec çà et là une note purement française. Tous ont l'air de gens habitués à vivre uniquement dans des maisons modernes ou dans des rues, loin de tout contact avec le sol fruste, que l'on oublie.

Mais si l'on prend au hasard une des rues latérales, en moins de deux cents mètres, tout change. Les maisons de pierre ont disparu brusquement, laissant l'impression qu'elles n'étaient guère qu'une longue façade, un décor. A leur place s'alignent des maisons de bois aux murs faits de planches superposées en écailles ; parfois on a oublié de les peindre, ou bien la peinture n'a guère duré, gercée par le soleil de l'été et le grand froid de l'hiver, décollée par la neige ou la pluie ; le bois nu s'étale, aussi primitif et rude que la hache ou la scie l'ont laissé. Les trottoirs, lorsqu'ils existent, se composent également de planches grossièrement équarries alignées sur le sol ; la chaussée est — en cette saison des pluies — un tel bourbier que l'on a disposé de loin en loin des passerelles en planches. Entre les maisons rudimentaires et les rudimentaires trottoirs cette « rue » dévale le flanc de la butte de Québec en une pente à vingt pour cent, vers les quartiers du bord de l'eau.

En bas de la pente la civilisation d'en haut semble se reproduire : l'on retrouve les « chars » et les maisons de pierre ; mais plus loin c'est la plaine qui commence ; la rivière Saint-Charles, que l'on passe sur un pont primitif et une fois cette rivière franchie l'on retrouve les maisons de bois, plus rudimentaires encore, plus espacées ; les trottoirs de bois, plus grossiers ; la chaussée qui semble devenir peu à peu une simple piste détrempée sur le sol vierge. Une banlieue ; mais une banlieue qu'on sent voisine de la sauvagerie définitive.

Les voitures qui passent sont des « buggies » américains, aux quatre roues grêles égales, ou bien des carrioles d'un type analogue, mais plus frustes ; leurs roues sont boueuses jusqu'aux moyeux ; les chevaux qui les traînent sont crottés jusqu'au poitrail. Beaucoup sont conduites par des hommes qui ne peuvent être que des paysans : ils ont le masque terriblement simple et obstiné de ceux qui se battent avec la terre. Et ce sont des masques de paysans français ; la ressemblance échappe parfois ; mais elle est parfois frappante : figures familières sous les mêmes feutres bosselés ou les casquettes ; silhouettes familières même sous les confections américaines aux larges épaules matelassées. Ils mènent leur cheval le long de la route défoncée sans songer à s'en plaindre, car ils n'ont jamais connu de meilleur chemin ; peut-être même cette route leur paraît-elle excellente ici comparée à la simple piste indienne qu'elle va devenir plus loin, à quelques milles à peine de Québec, bien avant qu'ils ne soient arrivés chez eux.

La ville disparaît déjà : c'est la campagne qui commence, non pas la campagne polie et ratissée de nos pays de l'Europe occidentale, mais le sol tel quel, sans fard, se fondant insensiblement dans le vrai pays du Nord, à peine gratté çà et là, où les habitations sont comme des îles semant l'étendue barbare.

Et peu à peu l'on oublie les maisons et les routes, et c'est à la race que l'on songe : à la race qui est venue se greffer ici, si loin de chez elle, il y a si longtemps, et qui a si peu changé ! Venue des campagnes françaises, campée ici la première, dans ce pays qu'elle a ouvert aux autres races, elle a dû subir d'abord les influences profondes de l'éloignement, des conditions de vie radicalement différentes

de celles qu'elle avait connues jusque-
là ; petite nation nouvelle qu'il fallait
échafauder lentement dans un coin du
grand continent vide. Et à peine cette
nation reposait-elle sur des bases solides
que c'était déjà l'arrivée des foules
étrangères, l'invasion des cohortes qui
se bousculaient pour passer par la
brèche toute faite. En droit : la suzerai-
neté britannique ; en fait l'afflux toujours croissant des immigrants de toutes
nations, qui finissaient par constituer
une majorité définitive — voilà ce que
le Canada français a subi. Comment
l'a-t-il subi ? Comment a-t-il résisté
à l'empreinte ?

L'on peut revenir alors vers les rues
du vieux Québec pour y chercher une
réponse. Ces rues et ce qu'elles montrent, tout cela prend un aspect différent
ou plutôt un sens différent, lorsqu'on
revient des pistes de la banlieue, où

l'écart qui existe entre cette contrée et les contrées d'Europe s'est fait tangible.

Et l'on se rend compte promptement que tous ces détails qui au premier abord frappent un Français comme étant des marques de dénationalisation sont sans exception superficiels, négligeables. Le costume ? Il faudrait vraiment être enclin à la morosité pour reprocher aux Canadiens français de n'avoir pas constamment suivi, depuis deux cents ans qu'ils sont ici, les modes diverses qui se sont succédées en France. Leurs jeunes gens des villes ont tout naturellement adopté, et sans qu'il y aie dans leur cas aucune affectation, la tenue anglo-saxonne qui se répand de plus en plus même sur le sol français ; et leur reprochera-t-on de n'avoir pas compris la beauté des vestons de velours et des cravates Lavallière ? Quant aux habitants des campagnes leur costume est forcément pendant cinq mois de l'année, un costume qui ne peut avoir d'équivalent en France, puisqu'il a pour fonction de les protéger contre le grand froid; et le reste du temps leurs vêtements sont les vêtements de travail du paysan, qui sont partout à peu près les mêmes.

Le système monétaire ? Le Canada français ne pouvait guère se révolter contre le reste du Canada à seule fin de se donner le système français actuel de francs et de centimes, qui, au reste, n'existait pas encore à l'époque où le bloc français du Canada prenait racine. Du système canadien-américain de dollars et de cents il a promptement fait quelque chose qui lui appartient en propre en dénommant les dollars des « piastres », et les cents des « centins » ou des « sous ».

Un chauvin fraîchement débarqué du paquebot s'arrêtera peut-être devant une vitrine où s'étalent des complets de coupe américaine, dont le prix sera indiqué par un chiffre quelconque précédé du signe « $ », et il secouera la tête avec une tristesse un peu comique, en songeant que ceux qui traitaient Québec de « ville française » habitée par des Français, en ont menti. Mais avant qu'il ne soit reparti des Québecquois s'arrêteront à leur tour derrière lui, et il les entendra causer entre eux. — « Des belles hardes, ça ! » « Ouais ! Regarde ce capot-là, donc, à quinze piastres ! » — Et notre chauvin s'en ira tout réconforté, gardant longtemps dans l'oreille la musique des mots français et de l'accent du terroir.

Si l'on prend l'une après l'autre d'autres manifestations extérieures de l'âme intime du Canada français, ces mille détails qui sont en somme les seules choses sur lesquelles on puisse, aux premiers jours, méditer sans ridicule, l'impression reste la même. Il y a eu sans doute une évolution logique, différente de l'évolution qui a pris place dans le même temps sur le sol français, et peut-être même par parallèle, mais ce n'a été qu'une évolution, et les traces d'assimilation, d'empreinte laissée par une autre race, sont bien difficiles à trouver. Les suzerains britanniques, ayant eu la délicatesse de ne rien imposer de leur mentalité et de leur culture, se sont trouvés également incapables d'en rien faire accepter par persuasion.

Les Canadiens français leur ont emprunté leur langue pour s'en servir quand il leur plaît, pour leur propre avantage. Pour le reste... il ne semble pas leur être venu à l'esprit qu'ils pussent trouver grand'chose qui valût d'être emprunté.

Les rues du vieux Québec sont un témoignage. En s'enfonçant plus avant dans le Canada français l'on trouvera que les traits extérieurs qui rappellent l'ancienne patrie se font de plus en plus rares, et disparaissent souvent ; et l'on pourrait être tenté de croire que tout ce qu'il y a de français sur le sol américain disparaît en même temps. De peur que cette apparence n'en impose dès la première heure, Québec conserve intact le décor ancien et précieux de la Ville-Basse. Ce n'est pas une simple copie de vieille ville française, et il faut s'en réjouir ; mais bien une ville canadienne déjà, et ses ruelles sont bien sœurs des routes bosselées qui se fondent en pistes dans la campagne presque vide. Seulement ces ruelles apportent une sorte d'obstination à montrer une fois pour toutes, et par cent signes évidents, de quel pays venaient les hommes qui les ont créés, qui ont depuis lors poursuivi leur tâche, et qui n'ont guère changé.

DE LIVERPOOL A QUÉBEC

I

Au bureau de la ligne Allan, dans Cockspur Street un employé présente les deux faces du dilemme d'une manière concise et frappante.

« Pour aller à Montréal, dit-il, vous avez le choix entre deux de nos services : celui de Liverpool et celui de Londres-Le Havre. Par Liverpool la traversée dure sept jours. Sur la ligne du Havre on mange à la française, avec du vin aux repas. La traversée dure treize jours. »

Pour un investigateur professionnel, le carnet à la main, à l'affût des généralisations faciles, c'était déjà là une occasion de contraste à établir, entre la hâte essentielle des Anglo-Saxons et l'indolence de nos compatriotes qui se résignent fort bien à faire la traversée sur un vieux bateau, et à y consacrer deux semaines, pourvu qu'ils puissent jusqu'à Montréal manger à la française, et lamper le Médoc deux fois par jour. Mais après huit ans de Londres les contrastes anglo-français ont perdu leur relief, et les généralisations ne semblent plus aussi faciles ni aussi sûres. Je n'ai songé qu'à peser le pour et le contre.

— Treize jours en mer ; c'est tentant. Mais octobre s'avance déjà, et il est bon de se ménager quelques semaines pour aviser, une fois là-bas, avant que ne descende l'hiver — cet hiver qu'on s'imagine si redoutable de loin. Je suis donc parti par Liverpool, quatre jours plus tard.

... Sept jours de mer. Bonne mer,

pas assez houleuse pour être gênante, assez pour n'être point insipide. Donc peu de malades ou tout au moins peu de gens qui soient franchement malades ; un assez grand nombre, que l'appréhension bouleverse, conservent pendant toute cette semaine le teint curieusement verdâtre des inquiets, ou bien descendent gaillardement dans la salle à manger, le matin, gais et farauds, taquinent un œuf ou une assiettée de gruau, et remontent sur le pont sans attendre la fin du repas ; oh ! sans précipitation ; dignement ; mais en détournant des victuailles leurs narines qui palpitent, et jetant à leurs voisins de table quelque prétexte ingénieux.

Passagers de toutes sortes : pas mal de Canadiens qui ont passé l'été en Angleterre, et rentrent ; plusieurs jeunes Anglais qui font la traversée pour la première fois, envoyés par des maisons de commerce de leur pays ; et quelques autres qui sont partis à l'aventure et bien que ce soit la mauvaise saison. Entre ces derniers un lien subtil semble s'établir. Ils se jaugent l'un l'autre à la dérobée, et songent : « Celui-là a-t-il plus de chances que moi de réussir ? Combien d'argent peut-il avoir en poche ; c'est-à-dire : Combien de temps pourra-t-il attendre, s'il faut attendre, sans avoir faim ? Et l'on note les contours des épaules et l'expression de la figure, à moitié fraternellement, à moitié en rival : S'il ne trouve pas le travail qu'il veut, cet employé à poitrine plate, sera-t-il de taille à faire le travail qu'il trouvera ?

Car l'optimisme qui est en somme général parmi eux est des plus raisonnables. L'on n'en voit guère qui s'imaginent aller vers un Eldorado magnifique, d'où ils pourront revenir après très peu d'années pour vivre chez eux dans l'aisance. Ils espèrent évidemment réussir là mieux qu'en Angleterre, puisqu'ils sont partis ; mais ils se rendent compte aussi qu'ils y trouveront une lutte plus âpre, un climat beaucoup plus dur, et surtout cette atmosphère de cruauté simple d'un pays jeune qui est en marche et n'a guère le temps de s'arrêter pour plaindre et secourir ceux qui tombent en route, n'ayant pas réussi.

Aussi tel d'entre eux qui a pu s'équiper amplement, payer son passage en seconde classe et garder encore quelques livres en poches a-t-il pourtant quelques minutes d'inquiétude de temps en temps. Installé sur le pont dans sa chaise longue, il regarde la longue houle monotone de l'Atlantique, et songe.

... Nous ne sommes guère que trois ou quatre sur ce bateau-ci qui soyons partis à l'aventure. C'est la mauvaise saison... la mauvaise saison... Et il essaie d'évaluer à peu près tous les « x » du problème ; le froid de l'hiver qui vient ; le vrai grand froid qu'il ne connaît pas encore ; les conditions de vie et de travail dans ce pays nouveau ; les chances qu'il a de trouver de suite ou presque de suite un emploi qui le fasse vivre.

Des phrases des opuscules officiels sur l'émigration lui remontent à la mémoire... « Les ouvriers agricoles et les artisans sont ceux qui doivent aller au Canada, et les seuls qui aient une certitude de résussite... Les hommes exerçant des professions libérales, les employés, etc... etc... auraient tort d'émigrer... »

Les artisans et les paysans, il y en a sur ce bateau, mais en troisième classe ; ceux-là trouveront du travail sitôt débarqués, et n'ont aucun sujet d'inquiétude. L'homme appartenant à une de ces diverses classes « qui auraient tort d'émigrer », est au contraire en proie à un malaise ; il se lève et va rejoindre d'autres passagers qui n'en sont pas à leur premier voyage pour leur demander un encouragement indirect.

Négligemment, il interroge : « Aviez-vous quelque chose en vue, vous, quand vous avez traversé pour la première fois ?

L'un répond « Oui ». Un autre dit : « Non... mais c'était au printemps ; en ce moment c'est la mauvaise saison, voyez-vous ! »

La mauvaise saison... Il n'est pas d'expression plus décourageante ; et la silhouette du continent dont on approche, silhouette contemplée si souvent sur les cartes qu'elle se situalise automatiquement lorsqu'on y songe, prend un aspect menaçant et hostile. Tous les jeunes gens qui « auraient tort d'émi-grer », et qui ont émigré pourtant, s'effor-

cent d'imaginer quelques-unes des ri-
gueurs qui les attendent ; ils passent
en revue tous les métiers divers qu'ils
se croient capables d'exercer au besoin ;
et ils finissent par se dire qu'ils « se dé-
brouilleront bien », et par s'envelopper
douillettement de leur couverture de
voyage, pour jouir pleinement de ce
qu'ils ont d'assuré : une demi-semaine
encore de confort, avec quatre copieux
repas par jour qui paraissent impor-
tants et précieux à l'approche de toute
cette incertitude.

D'autres n'ont aucune espèce d'inquiétude ; ce sont ceux qui ne vont pas
au Canada pour réussir, mais simplement pour leur vie « en long et en large »
et voir quelque chose qu'ils n'ont pas
encore vu. Ils ne s'inquiètent pas, parce
que ce qui leur arrivera sera forcément
quelque chose de neuf, et par conséquent
de bienvenu.

A cinq jours de Liverpool un brouillard épais descend sur la mer, et il commence à faire froid. Un des officiers du navire explique que nous sommes sous le vent du Labrador, et pour tous ceux des passagers qui en sont à leur première traversée rien que ce nom « Labrador », semble faire encore descendre la température de plusieurs degrés.

Nous passerons trop loin de Terre-Neuve pour en voir la côte ; et nous ne croiserons pas d'icebergs non plus, car en cette saison ils ont déjà passé, s'en allant majestueusement vers le Sud, tout au long des mois d'été, fondant un peu tous les jours : un pèlerinage qui est aussi une sorte de lent suicide...

La première terre aperçue est donc l'île d'Anticosti. En bon Français, j'ai toujours mis mon point d'honneur à ne connaître un peu la géographie que des pays par où j'ai passé. J'ignorais donc tout simplement l'existence de cette île, qui a pourtant plusieurs titres de gloire. Elle est à peu près de la taille de la Corse d'abord ; et, au fait, d'où lui vient ce nom de consonance italienne ? Mais, surtout, elle appartient à M. Henri Menier.

La dynastie des chocolatiers s'est montrée infiniment plus moderne et plus avisée que celle des sucriers dans ses acquisitions de territoire. M. Menier n'a pas eu à occuper Anticosti de vive force, il s'est contenté de l'acheter ; j'ignore à quel prix ; mais vues les dimensions de ce lopin de terre, le mètre carré a dû lui revenir à peu de chose. Il ne s'est pas réduit à acquérir l'île ; il y vient assez régulièrement dans son yacht pendant l'été. Anticosti reste naturellement partie du territoire canadien et ressort donc indirectement du trône britannique ; mais les pouvoirs d'un propriétaire sont vastes, et la légende dit que M. Menier a fait de son île une petite colonie franco-canadienne, d'où les gens de langue anglaise sont poliment exclus. Il y a installé des exploitations de forêts, quelques autres industries et il vient là en czar, lorsqu'il lui plaît, vivre quelques semaines au milieu de son bon peuple et chasser l'ours et le caribou.

Seulement — l'éternelle leçon d'humilité — l'infiniment grand, financièrement et territorialement parlant, est en butte aux persécutions de l'infiniment petit. L'illustre chocolatier poursuit d'année en année une lutte sans succès et sans espoir contre les moustiques et les maringouins, qui sont le fléau des terrains boisés et humides pendant la saison chaude ; et moustiquaires, voilettes de gaze, lotions diverses destinées à inspirer aux moustiques le dégoût de la peau humaine, arrivent à peine à rendre supportable au maître d'Anticosti le séjour de ses terres.

Nous ne voyons, nous, de son île, qu'une interminable côte basse, brune, lointaine, que le brouillard montre et cache comme en un jeu ; puis quand vers le soir le brouillard se lève on s'aperçoit que cette côte a disparu, et c'est de nouveau l'apparence de la pleine mer. Seulement la vue de cette première terre transatlantique, et le souvenir des cartes souvent consultées, nous rend presque sensibles la proximité des deux rives du Golfe du Saint-Laurent, rives toujours hors de vue, mais qui se resserrent sur nous d'heure en heure.

Le lendemain lorsque nous montons sur le pont pour respirer un peu, au sortir des cabines étouffantes, avant le déjeuner du matin, une de ces rives est devenue visible et en quelques heures nous en venons à la longer de tout près.

Elle est plate et nue au sortir de l'eau ; mais bientôt des collines apparaissent à l'intérieur, dont la ligne se rapproche. L'atmosphère un peu embrumée leur prête une majesté factice, et des lambeaux de nuages qui traînent à mi-hauteur exagèrent complaisamment leur taille, qui n'est que médiocre. Mais il n'en faudrait pas tant pour river l'attention des passagers, qui sont maintenant tous sur le pont et regardent avec une sorte d'intérêt candide. La moindre terre prend un relief saisissant, après une semaine passée sur l'eau ; mais ce qui marque cette terre-ci à nos yeux d'une grandeur émouvante, c'est surtout qu'elle est la terre canadienne, l'avant-poste du continent vers lequel nous allons. Une côte d'une silhouette exactement semblable, vue quelque part en Europe, dans la Baltique ou la Mer Noire, n'aurait pas ce prestige ; et je crois bien que ce serait également vrai d'une côte asiatique ou africaine.

L'Amérique reste essentiellement le pays où l'on va porter sa fortune ; le pays pour lequel on a quitté son pays. Une contrée que l'on visite en passant, ou bien où l'on va habiter quelques années au plus, n'a pas cet abord solennel de terre promise, ni cet aspect d'énigme double des contrées où beaucoup d'hommes viennent vivre pour toujours ou pour longtemps : l'énigme de ce que le continent cache derrière sa frange visible, et l'énigme de la vie qu'il leur donnera. Même aujourd'hui, où la colonisation et le défrichement sont devenus des opérations prosaïques, industrielles, dépourvues de toute aventure, le premier aperçu de la côte américaine dans le lointain réveille chez beaucoup de nous des âmes irrationnelles, anachroniques, d'aventuriers, et nous émeut curieusement. Mais sans doute faut-il pour ressentir cela voyager autrement qu'en touristes, avoir un peu d'incertitude dans sa vie, et se trouver au milieu de gens pour lesquels le passage du vieux continent au nouveau est un coup de dés d'une importance poignante, sur lequel ils ont presque tout joué !

Une des prédictions orgueilleuses que l'on entend et que l'on lit le plus souvent sur le sol canadien est que le XXe siècle sera « le siècle du Canada », comme le XIXe siècle a été celui des Etats-Unis. C'est bien sans doute en voguant vers Québec ou Montréal que l'on retrouve le plus facilement, et avec le plus d'exactitude, l'état d'esprit des déracinés qui voyaient s'ouvrir devant eux la baie de New-York, il y a cent ans.

Ceux qui, approchant de cette ville aujourd'hui, regardent grandir la statue de la Liberté et l'entassement des « gratte-ciels » ne peuvent que connaître des impressions différentes, parce que le premier aspect que l'Amérique leur offre est celui d'une cité entre les cités, et non l'aspect primitif, saisissant, du pays vide qu'ils vont défricher et remplir.

Le navire qui remonte le Saint-Laurent au contraire, se rapproche de la rive en arrivant à Rimouski, qui est la première escale depuis Liverpool et la seule avant Québec. Un petit vapeur construit en bois, dont la coque est extraordinairement massive et la proue d'une forme singulière — afin de pouvoir naviguer l'hiver sur le fleuve encombré de glaces flottantes — vient chercher en plein courant les rares passagers qui débarquent là. De la ville elle-même, cachée par une île et de peu d'importance d'ailleurs, nous ne voyons qu'un clocher et une masse indistincte de maisons aux toits rouges et bruns. Mais cette côte Sud reste pendant longtemps proche et visible, lorsque nous repartons. Une ligne de chemin de fer la suit, à peu de distance du fleuve. La bande de terre que cette ligne et le fleuve bornent est semée de villages, des agglomérations de maisons de bois aux tons neutres, où les bruns dominent, maisons toujours groupées autour d'un clocher pointu, mais qui semblent pourtant s'espacer volontairement, tenter de relier entre eux les villages, pour faire bonne figure et combler un peu les vides du pays trop grand. Car derrière ce chapelet de village de pêcheurs et d'agriculteurs c'est la péninsule du Nouveau Brunswick et du Maine, le territoire le plus avancé vers l'Est, le plus proche de l'Europe de toute l'Amérique civilisée, et où se trouvent pourtant encore des étendues de plusieurs milliers de kilomètres carrés dépourvues de lignes de chemins de fer, de routes et presque d'habitations, et des forêts profondes où l'on ne pénètre que de loin en loin, à l'automne, pour chasser le loup et l'orignal.

Mais c'est la côte Nord qui donne, quand on s'en rapproche, la plus forte impression de pays à peine entamé, encore vide et sauvage. Peut-être l'imagination y est-elle pour quelque chose, le souvenir que de ce côté-là il n'y a plus de civilisation réelle, plus de ville qui mérite le nom de ville, plus rien que çà et là quelques groupes de maisons de bois peureusement assemblées, quelques postes perdus aux coudes des rivières, et plus loin encore rien que les tentes de peau des derniers Indiens, semées dans les recoins les moins incléments de l'Unguava et du Labrador.

Pourtant la part de l'imagination n'est pas nécessairement grande et sa tâche est facile. Par endroits cette côte Nord sort du fleuve d'un jet et s'élève de suite en collines arrondies aux trois quarts couvertes de pins ; le rocher se montre parfois à travers la terre, mais il n'y a que peu de parois à pic ou d'escarpements : partout des lignes simples, sévères, assez amples pour que les pans de forêt qui les couvrent ne changent pas leur profil ; partout des bruns et des verts sombres ; le brun de la terre nue, le brun des troncs serrés, le vert sombre de leur feuillage ; et aussi d'autres tons neutres de végétation qui a été sobre de couleurs et de lignes même au fort de l'été, et qui maintenant s'éteint ou s'assombrit encore.

De loin en loin, avec une sorte de

surprise, on voit des maisons. En voici une à mi-pente, une autre au bord de l'eau, cinq ou six assemblées dans un repli du terrain, et il semble bien qu'autour de leurs murs s'étendent des espaces éclaircis qui doivent être des champs. Mais entre chaque maison ou chaque groupe de maisons il y a plusieurs milles de pente abrupte, un vallonnement profond ou un sommet arrondi, souvent un pan de forêt qu'il faudrait contourner ; et l'on se prend à chercher des yeux, généralement en vain, les pistes rudimentaires qui doivent pourtant les unir entre elles ou les unir à quelque chose, faciliter leur approche aux hommes d'ailleurs. Et soudain l'on croit voir le fleuve bordé d'une croûte de glace, encombré de lourds blocs de glace serrés qui descendent le courant, les pentes couvertes de la neige profonde de l'hiver, et la présence de ces maisons isolées, l'existence des gens qui y vivent, deviennent, pour nous autres hommes des pays grouillants, des choses presque inexplicables, et pathétiques.

Toute la journée notre navire remonte le fleuve, se rapprochant tantôt d'une berge et tantôt de l'autre pour suivre la ligne de l'eau profonde. Ce chenal, par où tout le trafic du Canada passe sept mois de l'année — les sept mois pendant lesquels le fleuve est praticable — est marqué avec un soin et une précision qui rappellent à chaque instant son importance. C'est un chapelet ininterrompu de feux et de bouées; pourtant quand le brouillard vient, dans l'après-midi, nous devons nous arrêter, jeter l'ancre, et rester là une heure, une longue heure d'humidité froide, d'opacité impalpable que l'appel lugubre de la sirène perce toutes les minutes.

Quand un coup de vent chasse le brouillard et nous permet de repartir, les rives restent longtemps indistinctes, noyées à leur tour dans cette buée ; et bientôt après la nuit descend.

II

Sur le steamer qui va de Liverpool à Québec, steamer appartenant à une Compagnie anglaise et chargé de passagers presque tous anglais, où tout rappelle au voyageur qu'il vient de quitter un port anglais et se dirige vers un autre port dont il semble que ce ne soit qu'une porte d'entrée monumentale, s'ouvrant sur une vaste colonie anglaise — le Canada français et la race qui l'habite ne paraissent être que des entités de second plan dont le rôle est fini, falotes, vieillottes, confites dans le passé.

Sur le pont des passagers s'interrogent : — Allez-vous loin dans l'Ouest ? — En avez-vous pour longtemps encore après Montréal ? Et toutes les réponses se ressemblent : — Pour longtemps ? Oh ! Cinq jours de chemin de fer environ ! — Où je vais ? Calgary ! Edmonton ! — Vancouver !

Pour eux Québec n'est que le porche aux sculptures archaïques par où il faut passer pour déboucher dans la rudesse des pays nouveaux, du vrai Canada, du Canada qui compte. Ils n'ont à l'esprit et à la bouche que des strophes de la grande épopée de l'Ouest — les villes solides et prospères là où il n'y avait que cinq huttes voilà dix ans ! — Tant de boisseaux de blé produits cette année par des terres défrichées de la veille ! — Cent mines déjà prêtes et qui n'attendent que le passage de la voie ferrée pour dégorger leurs métaux !

Le navire remonte le Saint-Laurent, arrive en vue de Québec. L'on commence à distinguer l'amoncellement que forment au pied de l'ancienne forteresse les maisons anciennes des ruelles de la Ville-Basse ; des clochers s'élèvent çà et là parmi les toits ; quand le navire s'amarre les portefaix qui viennent à bord montrent sous les feutres mous des Américains de l'Ouest de bonnes figures moustachues de paysans de France. — Les passagers se pressent aux bastingages et regardent tout cela avec une curiosité amusée, et même ceux d'entre eux qui sont canadiens ne voient guère dans cet accueil de Québec qu'une sorte de spectacle qui ne les touche pas de très près ; une pantomime d'une troupe étrangère, dans un décor étranger.

Aux questions que leur posent des compagnons de voyage qui voient Québec pour la première fois ils répondent avec une nuance de dédain. — Oui ! C'est une ville assez curieuse ! Une vieille ville ! Une ville française : tout y est français... — Et ils se hâtent de gagner le train qui les emportera vers leur Canada à eux, loin de cette enclave étrangère.

Mais ce train marchera dix heures à pleine vitesse avant de sortir de l'enclave que leur navire aura déjà traversée pendant vingt heures avant Québec ; il laissera des deux côtés de vertigineuses étendues de territoire qui s'étendent jusqu'aux Etats-Unis au sud et jusqu'au Labrador au nord, et qui font partie de l'enclave ; ce train traversera Montréal, une ville de cinq cent mille habitants qui malgré tout est encore française plus qu'à moitié ; il retrouvera à travers tout le Canada et jusqu'à Edmonton et Vancouver, aux portes du

Pacifique, des groupes clairsemés mais vivaces de Canadiens français qui restent Canadiens français intégralement, même dans leur isolement, et le resteront. Et la fécondité de cette race est telle qu'elle maintient ses positions bien qu'elle ne reçoive, elle, qu'une immigration insignifiante. Sa force de résistance à tout changement — aussi bien à ceux qui américanisent qu'à ceux qui anglicanisent — est telle qu'elle se maintient intacte et pure de génération en génération.

Toute cette partie de son territoire qui reste encore à défricher et à exploiter, elle manifeste sa volonté de la défricher et de l'exploiter elle-même. En face des hordes étrangères qui arrivent chaque année plus nombreuses, elle ne marque aucun recul.

Le voyageur venant de France qui sait cela et qui en errant dans les rues de

Québec songe à cette volonté inlassable de se maintenir, regarde autour de lui avec une acuité d'attention qui lui semble presque un devoir. Et tout ce qu'il aperçoit l'émeut : les rues étroites tortueuses qui n'entendent sacrifier en rien à l'idéal rectiligne d'un continent neuf ; les noms qui s'étalent au front des magasins et qui paraissent plus intimement et plus uniformément français que ceux de France, comme s'ils étaient issus du terroir à une époque où la race était plus pure : Labelle, Gagnon, Lagace, Paradis..., les curieuses calèches qui sillonnent les rues et rappellent certains véhicules désuets qui agonisent encore sur les pavés de petites sous-préfectures.

Le passant regarde le nom des rues : Rue Saint-Joseph, Sous-le-Fort, Côte de la Montagne, et il se souvient tout à coup avec un sursaut que c'est la

courbe immense du Saint-Laurent qui
ferme l'horizon et non le cours sinueux
d'une petite rivière de France. Il entend
autour de lui le doux parler français, et
se voit obligé de se répéter à lui-même
incessamment, pour ne pas l'oublier,
qu'il se trouve au cœur d'une colonie
britannique. Il voit sur la figure de chaque homme, de chaque femm qu'il
croise le sceau qui proclame qu'ils sont
de la même race que lui, et un geste
soudain, une expression, un détail de
toilette ou de maintien fait à chaque
instant naître en lui un sens aigu de pa-
renté. Le sentiment qui englobe tous les
autres et qui lui vient à la longue est une
reconnaissance profonde envers cette
race qui en se maintenant intégralement
semblable à elle-même à travers les
générations a réconforté la nation dont
elle était issue et étonné le reste du
monde ; cette race qui loin de s'affai-

blir ou de dégénérer semble montrer de décade en décade plus de force inépuisable et d'éternelle jeunesse en face des éléments jeunes et forts qui l'enserrent et voudraient la réduire.

Les troupeaux d'immigrants anglais, hongrois, scandinaves, peuvent arriver à la file dans le Saint-Laurent pour aller se fondre en un peuple dans le gigantesque creuset de l'Ouest. L'ombre du trône britannique peut s'étendre sur ce pays qui lui appartient au moins de nom. Les plaines du Manitoba, du Saskatchewan et de l'Alberta peuvent faire croître de leurs sucs nourriciers une race neuve et hardie qui parlera au nom du Canada tout entier et prétendra choisir et dicter son destin. Québec n'en a cure !

Québec regarde du haut de sa colline passer les hordes barbares sans l'ombre d'envie et sans l'ombre de crainte. Qué—

bec reçoit les messages royaux avec une tolérance courtoise. Québec sait que rien au monde ne pourra bouleverser le jardin à la française qu'elle a créé pieusement sur le sol fruste de l'Amérique et que toutes les convulsions du continent nouveau ne sauraient troubler la paix profonde et douce que les Français d'autrefois ses fondateurs ont dû emporter du pays de France comme un secret dérobé.

TABLE

—

ACHEVÉ D'IMPRIMER LE
20 JANVIER 1927 PAR
L'IMPRIMERIE FLOCH,
A MAYENNE (FRANCE).

www.ingramcontent.com/pod-product-compliance
Lightning Source LLC
LaVergne TN
LVHW012217170726
843503LV00005B/2129